Registros Akáshicos

¿Cómo leer los archivos del Alma?

Johannes Uske

Primera edición, agosto de 2016

Título: Registros Akáshicos. ¿Cómo leer los archivos del Alma?

Producido en Barcelona. www.johannesuske.com

Revisión: Gabriel Gutiérrez

Maquetaje, portada y técnica de canalización: Laura Morales

Apoyo en el diseño, difusión y publicación: Yolanda Pallas.

Ilustración de portada por David Matéu

Índice

¿Alguna vez has deseado acceder a los Registros Akáshicos?

Quiero agradecerte que estés leyendo este libro regalándote un **Curso Introductorio a los Registros Akáshicos**, que consta de cuatro vídeos, en los que irás explorando poco a poco cómo sentirse, cómo prepararse para la conexión, incluyendo una meditación para acceder.

¡Espero que te guste!

Puedes verlo desde aquí: www.akashicos.online

1. *La preparación para el encuentro con los Registros Akáshicos*

La intención de este pequeño librito es que conozcas acerca de los Registros Akáshicos, de sus beneficios y potencialidades para manifestar plenamente tu propósito, y para que puedas tener un acercamiento, una pequeña experiencia de sus vastas posibilidades.

Antes de adentrarme en las definiciones y brindarte las respuestas que te servirán para tener una comprensión mayor de este plano sutil, quisiera facilitar el camino para que saques el máximo provecho de este pequeño librito.

Te propongo, pues, facilitar las condiciones para que **tu alma comience a recordar la sabiduría de su esencia.** Por esto necesitamos dialogar e ir más allá de la simple exposición de conocimientos. Tú mismo, querido lector, querida lectora, eres un libro abierto que se está escribiendo en este preciso instante en el que lees estas líneas.

Tu historia de vida se está escribiendo en las crónicas de la eternidad y me gustaría que se agregasen algunas páginas de las que pudieras estar orgulloso u orgullosa.

Te invito a afirmar interiormente *"Desde la divina presencia que Yo Soy, me doy permiso para recordar mi sabiduría Akáshica, las cualidades de mi esencia y el propósito de mi existencia."* Respira y tomate unos instantes, para que la afirmación pueda encontrarse con tu silencio.

Verás que desde este lugar y en este momento, las siguientes palabras resonarán como algo que siempre has sabido.

2. ¿Qué son los Registros Akáshicos?

Los **Registros o Archivos Akáshicos se pueden definir como memoria universal de la existencia, un espacio multidimensional en el que se archivan todas las experiencias del alma,** incluyendo todos los conocimientos y las experiencias de las vidas pasadas, las circunstancias presentes y las potencialidades futuras.[1]

Se les puede comprender como un espacio energético y extra-físico situado en el éter, una finísima sustancia que baña el universo en el que se recogen todos los pensamientos, todas las palabras emitidas, emociones

---

[1] Cito las definiciones de mis propias páginas web www.johannesuske.com y https://unionsuperior.wordpress.com, generadas en el 2008.

sentidas y acciones cometidas por las personas y conciencias a lo largo de los tiempos. Este sistema energético contiene todas las potencialidades que el Alma posee para su evolución en esta encarnación y su verdadera razón de ser, el sentido de vida. Existe para cada plano: el individual, el grupal, el planetario o el galáctico. En Egipto se conoce como las "Tablas de Thoth", en la Biblia como el "Libro de la vida", en el Islam como la "Tabla Eterna" y los Mayas los denominan el "Banco Psi". Así, pues, se trata de un fenómeno bien conocido en todas las grandes culturas.

Si quisiéramos visualizarlo, podemos imaginarnos un "Internet cósmico", o una biblioteca en la que cada alma humana es representada por un libro. **Cada hoja de ese libro representa una vivencia energética; y cada capítulo, una vida o encarnación**. El conjunto de libros forma una biblioteca atemporal, la biblioteca de la Humanidad. La cual forma parte del Registro Akáshico Planetario; éste último, del Galáctico, y éste a su vez, del Universal. Los Registros son como la conciencia o memoria colectiva cósmica.

El adjetivo akáshico proviene de Akasha, un término existente en el antiguo idioma sánscrito de la India que significa justamente este 'éter' antes descrito, este espacio o energía cósmica que es el peculiar vehículo que transporta el sonido, la luz y la vida. Ya los Rishis sabían de esta dimensión fundamental oculta que abarca todos los otros elementos: el prithivi (la tierra), el ap (el agua), el vata (el aire) y el agni (el fuego). Este Akasha contiene todos los elementos dentro de sí mismo y a la vez se halla fuera de estos sin limitaciones del tiempo y espacio. Es una matriz cósmica inobservable y omnipresente, el trasfondo sutil desde el cual surgen todas las formas, incluidos nosotros mismos.

El yogui **Paramahansa Yogananda** aclara: *"El Akasha subyace bajo todas las cosas y se convierte en todas las cosas; está oculto y tan solo se puede observar cuando se convierte en las cosas que vemos. Es la realidad fundamental del mundo."*

La divinidad, la matriz o "Dios" es el Todo, la Fuente sin forma, pura potencialidad y contenedor de todas las virtudes imaginables. Todas las palabras no pueden llegar a captar la grandeza de esta dimensión última.

Desde allí surgen las primeras cristalizaciones, este éter o la sustancia primordial desde la cual surgen todas las formas, la humana incluida. Hubo diversos intentos de clasificar planos, dimensiones o reinos desde lo más sutil a lo denso, a través de dimensiones enumeradas o subdivisiones en planos como el **plano búdico, causal, mental, astral, emocional, etérico, físico y atómico;** capas de información que coinciden con el sistema de los chakras humanos, desde los superiores a los inferiores fuera y dentro del cuerpo físico.

Basta con recordar que cada parte de un sistema inferior, como un átomo, forma parte de un sistema superior más complejo y abarcativo.

Veamos un ejemplo del plano físico: átomo – molécula – célula - agrupación celular – órgano – cuerpo humano… En otras palabras: también nosotros, los seres humanos, formamos parte de este ciclo de evolución; por esta misma lógica formamos parte de sistemas evolutivos de mayor complejidad. A estos planos superiores de conciencia, sabiduría, amor y luz tenemos acceso a través de partes más sutiles y elevadas de nosotros mismos, como nuestro Ser Superior, que es la divinidad individualizada, el Yo Soy, o si quieres, el yo con 100 000 años de evolución, el yo perfecto, el Dios o la Diosa interior.

3. ¿Qué te pueden decir los Registros? ¿Cómo se sienten?

Te pueden traer las respuestas a las inquietudes de tu alma, otorgando la paz, la claridad y la orientación que necesitas. *Lo que surge es una dirección clara en los siguientes pasos de vida, una comprensión de facetas ocultas, de tu misión, y una conexión muy especial con la Esencia de tu Ser.*

Los Registros Akáshicos pueden esclarecer dudas sobre toda clase de problemas, temas o asuntos personales. Pueden tratar, por ejemplo, asuntos familiares, dificultades en la pareja, problemas de salud, la búsqueda de la identidad o la misión de vida etcétera. Además, pueden revelar el origen de las dificultades, de las creencias limitantes y mostrar las interrelaciones generadas en el sistema familiar o el linaje. Otorga mucha paz escuchar el por qué naciste en precisamente la familia en la que lo hiciste. Cuando comprendes los compromisos que asumiste, los contratos o acuerdos del alma, las lecciones pendientes de aprender o las causas generadoras de conflictos se te abren perspectivas nuevas que te permiten actuar con mucho más conciencia, compasión y claridad.

En muchos casos se te conecta con el momento de la programación existencial antes de la encarnación actual, el instante en el cual determinaste para qué ibas a encarnar en la Tierra. Llegarás así a comprender tu propósito y tu verdadera identidad como Ser Divino. Verás los dones y talentos que se te han dado para dejar un legado, una huella en tu mundo terrenal. Es como si se encendiera una luz que te hace entender por qué te ha pasado que te han pasado y cómo puedes usar tus experiencias para dar tus siguientes pasos, a fin de generar un bienestar propio y ajeno.

La maravilla de los Registros no es sólo que contestan a las dudas y preguntas que tenemos, sino que nos brindan la experiencia de unidad que da certeza de que no eres únicamente cuerpo o mente, sino además un alma eterna con unas cualidades magnificas. Te hacen recordar quién eres, e invocan una inconfundible sensación de haber vuelto a casa. El amor que suele hacerse presente es muy palpable y no deja dudas de estar en compañía de la luz. Se puede sentir como un abrazo amoroso, un saberse entendido o una paz profunda. La razón es que en una lectura de Registros no sólo accedemos a la información volcada en ellos, sino que recibimos también energía sanadora para el alma que posibilita la alineación con el Ser Superior y una conexión cada vez más estrecha con los Seres de Luz y la conciencia elevada. Este encuentro con tus Guías y su energía de contención, confianza y afecto quitan la sensación de soledad y separación; permite que la belleza interna se manifieste en el plano externo.

Me siento afortunado de poder hacer este trabajo, es un verdadero honor. Y repito que no soy yo. El trabajo ocurre a través de mí. **Yo sólo ayudo a recordar que tú ya eres luz, bendición y plenitud.** Quizá te dé el empujón para que puedas independizarte, necesitar cada vez menos de maestros, cursos o terapias, para que seas el verdadero protagonista de tu vida.

Tomo el caso de un hombre alrededor de los 55 años; él se sentía disgustado por el mal uso de la riqueza, la corrupción y la mala gestión del dinero en la sociedad.

A su vez, poseía un gran ímpetu por cambiar este mundo, pues quería crear nuevas formas alternativas al uso del dinero existente. En este momento tenía un trabajo de lo más normal en el plano empresarial, poco tiempo y poca perspectiva acerca de cómo aportarle algo útil al mundo. La lectura le mostró sus posibilidades y facilitó la toma de algunas decisiones pendientes de tomar.

Un año después de la lectura estaba dirigiendo una ONG, de forma part-time, en la que desarrolla una alternativa viable al uso del dinero: El banco de tiempo, que facilita el intercambio de dones, actividades y cosas sin la necesidad de que intervenga el dinero, con una plataforma online de fácil uso para promocionar esta clase de intercambios entre muchas personas.

Es decir, allí las personas pueden ofrecer lo que tienen para intercambiar y compartir lo que necesitan, y todo funciona en base de dar un tiempo, un servicio, dedicándote a lo que mejor sabes hacer y pudiendo recibir lo que otros ofrezcan. De esta manera, se manifestó lo que antes había sido sólo una idea vaga en algo concreto, palpable y verdaderamente útil.

4. ¿Podría dar la impresión de que los Registros sirven para ver el futuro?

Puede que algunos lectores de Registros den esta impresión, aunque para mí los Registros Akáshicos <u>no deben servir de oráculo</u>, ni para trabajos de videncia acerca de otras personas ni predecir el futuro como en anticuadas prácticas del tarot. No son para hacer predicciones del mañana. Se pueden acceder a potencialidades o probabilidades de futuro, pero no son nada más que eso, posibilidades, no verdades inalterables.

El libre albedrío, las intenciones y las decisiones inciden considerablemente en el acto creador. Nosotros mismos determinamos cual de las probabilidades se manifestará en el plano de la realidad física, consciente o inconscientemente.

> *En los Registros se hacen ver, por ejemplo, los talentos, las lecciones pendientes, el propósito de la persona, y se muestran posibles senderos de la manifestación del potencial completo.*

Pero bajo ninguna forma los Registros Akáshicos quitan la responsabilidad de la toma de decisiones de la persona. No revelarán todo el cuadro completo con todos los pasos hacia el destino feliz; y aún menos, si no estamos dispuestos a aprender las lecciones que tenemos delante de nosotros. No brindan soluciones mágicas a todos los problemas de la vida. Algunas personas piensan que con una lectura se resuelve todo problema o que se aclara absolutamente todo, y no es el caso. **Te dicen lo que el Alma necesita,** no necesariamente lo que la mente quiere. Si a tu mente le interesan las vidas pasadas o potencialidades futuras, pero no tienen relevancia para tu propósito presente, no se te va a manifestar esta información. Se necesitan propósitos muy nobles para revelar información fuera del presente. No hay permiso para la chusma o el mero turismo astral. Si se busca la videncia, la predicción del futuro o la mediumnidad a la vieja escuela, se puede ir a ver a tarotistas[2] o a supuestos videntes.

Es una ilusión creer que únicamente el saber, o la causa de esto o aquello, o tener la respuesta a una pregunta importante, lleva a la transformación deseada en la vida.

No podemos saltar pasos en el sendero evolutivo y pensar en la iluminación sin asentar las bases previamente. La sesión es una extraordinaria posibilidad para fomentar estas bases, para comprender las complejidades de la vida y para sanar la relación con mamá, papá o el niño interior. Es un espacio sagrado para tomar decisiones y cerrar asuntos pendientes, para purificar al corazón y hacerse cargo de la propia luz y la propia sombra. Se pueden acelerar los cambios, sobre todo si logramos adaptar la

---

[2] Aclaro que hay tarotistas y videntes de muy buen nivel, sobre todo si tienen una mirada transpersonal, un trabajo interno hecho y una alta frecuencia vibratoria. Simplemente hay que discernir y observar el nivel de amorosidad, humildad y profesionalidad.

perspectiva del Ser Superior, de la conciencia plena y nos movemos en el plano de sus frecuencias vibratorias, ya que pequeños cambios allí pueden hacer grandes cambios en los planos más densos, incluyendo el físico. El cambio de frecuencias es un punto clave en cualquier sesión terapéutica.

Cuando la lectura de Registros te lleva a recordar quién eres de verdad y te conectas con tu Ser Superior, con tus Guías Espirituales, puedes anclar las energías y virtudes de tu Esencia Divina en ti. Con ello, se te abre una puerta hacia la manifestación de la divinidad en tu vida diaria.

Esto puede ser mucho más que un cambio paulatino, pues tiene la potencialidad de una transformación radical.

En la sesión suelen darse cambios de frecuencias importantes, y más si la persona acompaña, se abre, participa y decide ser el protagonista de su vida.

5. ¿Recuerdas algún caso de atención individual?

Paso a compartirte un caso particular, en el que una mujer tenía dudas sobre su futuro laboral, pues le costaba dar el paso sobre el trabajo de años, tenía ganas de cambiar y mucha ilusión por el Yoga, pero no sabía cómo encarar el salto en el plano laboral. A su vez, tenía un conflicto importante con su hijo, debido a dificultades graves en el aprendizaje. El hijo tenía 10 años, pero, según ella, intelectualmente parecía de 3 y "causaba muchos problemas". Hicimos la lectura. Varios meses después puso en marcha un precioso Centro de Yoga.

Y con respecto a su hijo, ella entendió en la sesión de Registros por qué este niño estaba en su vida, y qué aprendizajes y beneficios le traía en su camino evolutivo. Pudo cambiar su mirada, aceptar, amar y educarlo de una forma muy diferente que antes, sin condicionamiento social, sin temores al juicio ajeno. Pudo barrer los propios prejuicios. Era un cambio bellísimo. Ahora ve a su hijo como un regalo que le enseña muchísimo, en vez de interpretarlo como algo que agrega un peso a su vida. Es precioso poder observar que las personas empiezan a hacerse cargo de su luz, de su razón de ser y de sus debilidades. Emprenden los cambios que les toca realizar. Esta es la gran posibilidad de una lectura, el acercamiento a la propia maestría, a la independencia, a la manifestación de la verdadera luz, de los dones y el legado.

Pero no siempre los casos son tan espectaculares. A veces las personas vienen con expectativas demasiado altas, dicen que están abiertos al cambio, pero no están dispuestos a entrar en los procesos de transformación personal que pueden requerir dedicación y esfuerzo. He visto muchos casos de personas en búsqueda de su propósito que no han querido resolver sus asuntos pendientes o trascender situaciones dolorosas por miedo al sufrimiento. Para el alma será más importante disolver los bloqueos presentes que saber acerca del futuro. La sesión de Registros es una oportunidad para atravesar el dolor, encarar los obstáculos y dar un paso hacia delante

En otro caso, una consultante soltera preguntaba acerca de su futuro en el plano de la pareja, si estará feliz pronto con alguien y si podrá formar una familia. Ella buscaba una respuesta confortante. Pero no se manifestó lo que buscaba su mente, sino que los Registros le hicieron ver el por qué de sus preocupaciones, inseguridades y su sobreexigencia.

Pudo descubrir cómo la ausencia de su padre en la infancia le hacía buscar una figura paterna en la pareja, lo cual llevaba a atraer personas que no podían ser un complemento para su alma. También pudo comprender cómo la exigencia y la falta de amor de mamá causaba que ella generara ciertos mecanismos subconscientes de manipulación para que la quieran, un patrón que representaba un gran obstáculo para las relaciones sanas.

Al ver el origen de sus patrones tuvo la oportunidad de enfrentarse cara a cara (a nivel energético) con mamá y papá, expresando y liberarando emocionalmente lo que no había podido hacer en años, perdonarlos y sentirse más liviana. Luego, sus Guías Espirituales le hicieron ver la belleza y completitud de su propio Ser interior sin que necesite la aprobación externa para ser feliz, y le invitaron a comprometerse con el autocuidado y amor hacia sí misma para no relacionarse desde la necesidad. Hubo un cambio en ella que permitió que eligiera a sus parejas más conscientemente, sintiéndose menos condicionada por su pasado.

6. ¿Qué se hace durante la sesión de Registros Akáshicos y para qué sirve?

No existe una única manera de realizar las sesiones individuales. Cada lector trae sus talentos, técnicas y conocimientos para abrir un espacio en el cual puede haber un encuentro con la luz del Alma. Depende de la intención y aplicación práctica que se le da a la lectura. En general, la sesión sirve sobre todo para obtener respuestas y una alineación con la esencia. En mi caso, en la lectura de Registros Akáshicos, como facilitador o lector, me conecto con los Guías Espirituales y el Ser Superior del consultante; y facilito que se revele lo que su alma necesita en este momento para evolucionar. Se le abre el recuerdo acerca de quién es en esencia, acerca de su propósito y algunos de sus dones y talentos claves. Si todavía hay varios bloqueos, suele ser más importante abordar y quitar estos bloqueos antes de proseguir con preguntas más filosóficas.

Antes de la sesión pido al consultante que traiga un máximo de cinco preguntas que luego revisamos juntos por si necesita ayuda. La persona permanece sentada y consciente, entra en un estado relajado a través de una meditación guiada.

Nos conectamos con sus Guías Espirituales, Maestros y con el Ser Superior desde los cuales se revelarán las dificultades, ataduras, apegos y nudos energéticos que se necesitan disolver. Se comparten los aprendizajes pendientes y, si es necesario, las raíces profundas de las dificultades actuales o las interrelaciones kármicas con otras almas.

La sesión suele revelar la cualidad, competencia o el don que será necesario para cumplir con la misión en esta vida. En alguna de las vidas pasadas ya resolvimos problemas similares a las actuales, ya tuvimos un cuerpo sano y fuerte, ya sabíamos manifestar la abundancia y plenitud. Este potencial sigue presente en nosotros, en nuestro ADN, en el subconsciente, en la memoria de las células, en el Registro Akáshico. Si tiene relevancia para la misión actual, estas cualidades de Maestría o dones se pueden recuperar y activar. Haría falta conectarnos con esta cualidad, este dharma, y activarla a través de un decreto[3] amoroso que dé lugar a la manifestación de nuestra máxima potencialidad y a la voluntad divina.

La intención pura de corazón y humildad son cualidades imprescindibles si queremos realizar cambios de esta envergadura. Por supuesto se tendrán que acompañar con el posterior entrenamiento en estas cualidades para convertirlas en recursos disponibles para la vida cotidiana.

Se contestan las preguntas que la persona ha traído, como, por ejemplo:

---

[3] Un decreto aquí se entiende como una palabra de poder que suele usar la pronunciación del nombre del Yo Soy.

- ¿Cuál es el propósito o aprendizaje actual más importante en este momento de mi vida?

- ¿Cuáles son las barreras que impiden la implementación de mi pleno potencial?

- ¿Cómo lograr vivir una vida equilibrada?

- ¿Qué necesito aprender para manifestar la abundancia en mi vida?

- ¿De qué modo puedo superar el conflicto con mi padre/ mi madre?

- ¿Cómo puedo mejorar el estado de mi salud?

- ¿Quién soy?

No hay ninguna pregunta que no se pueda hacer. La condición es que sea relevante para el alma y no una mera curiosidad de la mente. No podemos indagar en la vida de otros sin su permiso, sólo en la relación propia que mantienes con estas personas, sobre todo si son familiares, parejas o amigos. En todo momento funciono simplemente como un canal, un espacio a través del cual la información y frecuencia elevada fluye. El mérito es de los seres de luz, no mío.

La sesión se puede grabar. Es recomendable, ya que suelen surgir muchos contenidos que convienen ser escuchados un par de veces.

Te invito a que veas el video que comenta más detalles.

7. *Extractos de una sesión individual*

Para tener una buena noción, comparto detalles de una lectura con Beatriz, una clienta que me dio el permiso de publicar sus respuestas. Ella vino con la duda de si a sus 60 años ya había cumplido con su misión, o si bien quedaban cosas importantes por hacer. También se preguntaba por qué pasaba por problemas tan grandes con sus hermanos y primos; también con el negocio familiar, que sufría fraudes, juicios legales y peleas durante casi 13 años.

Normalmente la causa de la mayoría de los problemas se encuentra en la vida presente, en la falta de desarrollo de virtudes, ya sea por incoherencias, falta de integridad o debido a la ausencia de figuras de autoridad inspiradoras. En el caso de Beatriz, cuyo origen es latino, los problemas fueron una continuación de patrones de comportamientos ya existentes en por lo menos una vida anterior. Al procurar encontrar el origen de las dificultades de Beatriz, entramos espontáneamente en una regresión que nos llevó a una vida pasada en Lima, Perú, al principio del siglo XIX. Nos encontramos con varios familiares que ansiaron el poder y la riqueza de la familia. Su ambición para obtener el reconocimiento y el poderío les llevó a ser muy escrupulosos, sin medir las consecuencias de sus actos. Generaron muchísimo dolor al apoderarse de propiedades del conjunto familiar. Destellaron un conflicto familiar que no tuvo fin hasta la encarnación actual. Describimos algunos personajes durante la regresión; de entre ellos, Beatriz pudo establecer asociaciones con personas presentes en su vida actual por las energías que emanaban. Ella llegó a comprender mucho mejor el comportamiento de los "primos malvados" al ver su sufrimiento en la infancia, sus reacciones rebeldes para no padecer tanto como sus padres. Ha podido ver los dilemas para encontrar su lugar en el mundo. Beatriz necesitaba un corazón muy grande para poder perdonar el abuso de poder, la corrupción, la competitividad extrema y el engaño.

Con el apoyo de los seres de luz pudimos aligerar el dolor, tanto de los victimarios como de las víctimas, y fuimos poco a poco encontrando una salida al entramado de los roles rígidos en las historias karmáticas que se repiten una y otra vez con diferentes caras. De forma específica, se les invitaba a todos los seres implicados a soltar sus temores, apegos, dependencias e inquietudes; se les mostraba una posibilidad para tomar decisiones más alineadas con su esencia y dejar de generar más desunión y conflictos. Sobre todo, se les compartía mucha luz y mucho amor. Era una invitación que cada ser podía aceptar o rechazar. Nunca se puede ir en contra del libre albedrio. Hicimos una limpieza kármica, energética y astral transgeneracional para aquellos seres dispuestos a recibirla.

Beatriz se emocionó mucho cuando su hermano fallecido, Emilio, le hizo una petición para concluir el intento de subsanar el conflicto pendiente. Transcribo:

"Hermana, siempre admiraba tu coraje, tu búsqueda de soluciones cuando nadie más las veía y tu anhelo de justicia. Envidiaba tu capacidad de contemplar las necesidades del grupo, incluso cuando tú has sido

tratada injustamente. No dejes que se apague esta llama de la intención de la sanación. Querida, ¿podrías facilitar una unión que no hemos sentido ni en la familia, ni en el país, durante siglos? ¿Podrías aportar tu granito de arena con tu amor, con tus contactos, con tu don de reconciliación para inspirar visiones y proyectos de una sociedad más equitativa y más colaborativa? Hasta ahora se beneficiaron aquellas personas que han tenido la suerte de tener acceso al poder, por los medios que sea. ¿Podrías cambiarlo y dar a aquellos una oportunidad que son merecedores, no por su palabra o estatus, sino por su carácter, su competencia, su dedicación y su acción inspiradora? Agradecería que puedas emplear parte de tu tiempo a la generación de la unidad, no sólo de nuestra familia, sino de la familia humana que somos los peruanos. ¿Te puedo entregar este anhelo de mi alma? Cuando tenga tu acuerdo, me podré ir en paz."

Beatriz se lo asintió a su hermano con lágrimas en los ojos y se despidió muy emotivamente. Luego se notó una sensación de alivio en el aire una vez que el legado de Emilio se supo en buenos manos. Pudo dar el paso de regresar a la luz divina, al plano de evolución post mortem del vehículo físico en donde encontró su paz.

Con el apoyo y con las palabras de su Guía Espiritual Beatriz pudo comprender las causas de las brechas familiares y sociales, los frenos del progreso, los obstáculos sistémicos y los antiguos paradigmas. Incluso comprendió que el temor de los conflictos, de las confrontaciones abiertas, hace que se callen los temas importantes y pendientes, como por ejemplo, la falta de coraje para enfrentar lo difícil y el deseo de no herir al otro acaba impidiendo la reconciliación, la resolución de los problemas y el progreso social.

A continuación, se especificó la tarea que le toca emprender a Beatriz. Ella ya cuenta con recursos y una red de contactos para movilizar cambios relevantes en su entorno. Ahora le pertenece la labor de generar posibilidades de formación y financiación para jóvenes líderes y emprendedores que tienen la voluntad de construir un país digno, cuyos valores y principios unen más que separan. Puede colaborar con espacios y organizaciones existentes o generar nuevos en donde, más allá de la información y recursos, exista una dedicación profesional a la reconciliación, el desarrollo de visiones y proyectos compartidos, participativos y transsectoriales, programas que acerquen a los diferentes clases sociales y sectores del país. Se le dio unos cuantos detalles sobre cómo cambiar los paradigmas, potenciar el talento o generar iniciativas que superen las divisiones y jerarquías políticas, económicas y sociales innecesarias. Ahora ya sabe de qué modo innovar en la educación, generar ámbitos en donde florezcan el aprendizaje y los emprendimientos. Comprendió su liderazgo, su rol y el camino por trazar, y tomó la decisión de encarnar la mejor versión de sí misma. Al final de la sesión destacó la profunda paz que siente, el entusiasmo, la convicción y la fuerza para crear su futuro.

Vale destacar que Beatriz había hecho un largo recorrido de desarrollo personal, habiendo aprendido a gestionar el poder y el dinero sabiamente. Sin el desarrollo de estas virtudes, no hubiese podido salir su misión con tanta claridad. Puede que otra persona mucho más joven obtenga cierta información bien diferente en su lectura de

Registros Akáshicos. Puede que se le invite a poner mucha más atención en el desarrollo de las virtudes y dones que necesita para aclarar o implementar su propósito, a que tome la decisión de crear su destino con mucha más pasión desde su interior en vez de esperar a que alguien le diga qué debe hacer. Reitero que cada persona suele recibir lo que necesita, no necesariamente lo que quiere. Si la mente quiere una solución rápida a un problema y el alma necesita soltar una dependencia, nos dedicaremos en la sesión a lo último, ya que esta es la prioridad y la clave para abordar el problema desde su raíz.

8. ¿Qué se recomienda para el trabajar posterior a la lectura de Registros Akáshicos?

En una lectura el consultante se lleva mucha inspiración, respuestas e incluso herramientas para dar sus siguientes pasos evolutivos. Las caras suelen verse alegres, alivianadas, relajadas y con más vida. Su frecuencia vibratoria se eleva bastante y se nota más energía. El desafío reside en mantener estos estados anímicos y energéticos y en llevar a la práctica lo que haya surgido en la lectura.

En mi caso, brindo materiales de estudio personalizados que sirvan al consultante como apoyo en su camino. Beatriz, por ejemplo, se llevó algunas herramientas que le sirvieron para profundizar en algunos conceptos que surgieron durante la lectura y para poder implementar los primeros pasos de sus nuevos proyectos. Por supuesto ayudaría el trabajo personal posterior para anclar los aprendizajes: la meditación, la contemplación, el yoga, el coaching o cualquier terapia o proceso terapéutico que resuene en el corazón del consultante.

Nosotros hemos visto resultados excelentes con la terapia vibracional o floral con diferentes esencias florales: gemas, flores de Bach, esencias de Orquídeas del Amazonas, de rosas (entre otras). Según la problemática puntual, hemos abordado temas físicos, energéticos, astrales, emocionales o espirituales con el sistema floral o esencial correspondiente. Aquí, Laura Morales, que es una terapeuta muy intuitiva y creativa, y yo, hacemos un buen tándem en este sentido. Yo brindo las respuestas y la claridad necesaria en un momento puntual, y ella acompaña muy amorosamente los procesos del despliegue de las virtudes del Alma[4].

[4] puedes entrar en http://www.lauramorales.es para ver los detalles.

9. ¿Cómo sabes que aquello que lees en los Registros no es tu imaginación?

En las formaciones de Registros Akáshicos enseñamos a los lectores a discernir entre la mente propia y la inspiración divina. Se trata de un aprendizaje que requiere práctica. En mi caso puede ser que cambie el tono de voz. En todo caso, llega una energía diferente a la mía.

La persona que recibe la lectura puede prestar atención a la impronta vibracional y energética de la sesión, notando cuán conectado está el lector. Si el mensaje está lleno de amor, sabiduría y utilidad, la conexión va bien. Un mensaje divino es aquel que resuena en el interior, haciendo brotar una sensación de apertura, bienestar o paz en el corazón; **conlleva una dulzura, como si un ángel te acariciara o cantara una canción.** Es belleza, es claridad, te otorga confianza, poder en equilibrio y tranquilidad. No deja lugar para la duda, ni vacila; no engendra ni miedo, ni culpa, ni vergüenza. Te invita a ser tú mismo, no te quita la responsabilidad de tus decisiones, pero te inspira y muestra posibilidades. Te abre caminos, te da seguridad. En algunos casos puede que el tono de la lectura sea más intenso, sobre todo para enfatizar alguna enseñanza importante para el consultante o para inyectar una dosis de coraje antes de enfrentar un miedo o un problema. Los Guías Espirituales de cada persona vienen con la energía y emoción que más la ayude para que pueda dar sus siguientes pasos evolutivos.

Si un mensaje viene meramente de la mente desconectada de la fuente divina, las cualidades de unidad no estarán tan presentes, no se generarán los mismos efectos positivos, aclaradores, integradores y unificadores.

El juicio último del valor del trabajo lo tiene el consultante de la lectura de Registros Akáshicos. La palabra entregada ha de resonar en su corazón, ser amorosa, útil y benéfica. El receptor del mensaje debe sentirse reconocido, visto, comprendido. "Claro, esto soy yo, me aporta sentido". Si este grado de sintonización y resonancia no se alcanzó, el trabajo no está realizado del modo óptimo.

A su vez es importante comprender que **la mente propia del terapeuta o lector no suele desaparecer del todo.** No sale energéticamente de su cuerpo para prestarlo a un espíritu, no es una posesión espiritual total. La mente y la voluntad propia no se ausentan, sólo acompañan.

En términos simplificados, la inspiración divina te llega más bien intuitivamente al hemisferio derecho del cerebro a través de imágenes, sensaciones, certezas, impulsos, paquetes de información. Luego, el hemisferio izquierdo los traduce en palabras coherentes. Se requiere un trabajo personal importante para que los filtros personales no afecten la canalización; no es posible sin un profundo trabajo de la soltura del ego, la parte sombría de la personalidad. Se requiere una entrega de la mente, de la voluntad del ego, de aquella parte humana a la que le gusta controlarlo todo. Hace falta una rendición del pequeño yo, al Yo Universal, Superior o Cósmico, a la Fuente de la creación y la sabiduría.

Cuanta más confianza tenga el lector en su canal, su trabajo, y más elevado sea el dominio sobre el plano energético, astral, mental, emocional y espiritual, mayor será la calidad de la lectura y más beneficioso puede resultarle en todos los planos de su vida. Vale destacar que su entrega y su desapego son de igual importancia. **Cuánto menos busca el consultante, más puede encontrar; cuánto más suelta el apego a entender, más posibilidad hay de que le llegue la sabiduría**. [5]

En nuestras formaciones, los alumnos aprenden a discernir la fuente de la canalización, el nombre del guía, maestro o ángel y la dimensión de la cual proviene. Este discernimiento es particular de la técnica de la Transcanalización y debería formar parte de toda formación para lectores de Registros Akáshicos. Se requiere un entrenamiento para mejorar las aptitudes y sentidos extrafísicos multidimensionales, para discernir cada día mejor y saber afinar o sintonizar la mente como un instrumento divino.

La mente es como una radio que ha de sintonizarse a conciencia con las frecuencias superiores de la existencia. Las técnicas avanzadas, como la **"Transcanalización"**, enseñan cómo usar palabras de poder para determinar que el mensaje emitido no sea el propio, sino que provenga de seres a partir de la 5ª dimensión hacia arriba. A su vez, se aprende a elevar la frecuencia vibratoria personal a través de respiraciones yóguicas y una técnica de cromoterapia para llevar al cerebro a un estado de ondas cerebrales alpha

---

[5] Una Metodología efectiva en este sentido tanto para el trabajo personal como terapéutico es el Método Sedona, que ayuda a quitar bloqueos y disolver apegos y las capas del ego. Detalles en http://www.johannesuske.com/el-metodo-sedona-sedona-method-en-espanol/

rápidamente, a través de las cuales la mente pequeña es mucho más quieta y receptiva para la inteligencia espiritual y la escucha de los mensajes divinos.

10. ¿Todos pueden aprender a ser canal y leer los Registros Akáshicos?

Sin lugar a duda, **todos tenemos la aptitud de leer nuestros propios Registros Akáshicos** y entrar en contacto con nuestros Guías y Maestros o Ángeles, a conocer nuestra propia esencia, nuestra misión y nuestro camino del Ser. Es un derecho innato y un impulso natural de nuestra alma. No necesitamos intermediarios para conectarnos con lo divino.

De hecho, seguramente ya has entrado en un estado que habilita esta clase de conexión. Cuando estás inmerso en algo que amas profundamente, en una actividad que te apasione, el tiempo desaparece y entras en un estado alterado de conciencia. Estás en tu elemento. Quizá no canalices palabras, pero expresas lo que te nace de dentro, que no es otra cosa que canalizar tu belleza a tu modo. Es el pintor que se pierde en

su cuadro, el cantante que se fusiona con su canción, el actor que se convierte en su papel, etcétera: es este estado de unidad en el cual tienes acceso a la inteligencia de las conciencias superiores. Entrar en él es más fácil cuando hemos podido superar estados inferiores de la conciencia en relación a las emociones más densas, como la rabia, la envidia, el orgullo, la vanidad... Se precisa la trascendencia de patrones negativos o karmáticos, dolores, sufrimientos, bloqueos o miedos. Este es el trabajo personal que le toca a cada uno y requiere de su dedicación para llegar a un estado de madurez, apertura, tolerancia, compasión y amorosidad.

El estado de la canalización requiere de un espacio mental limpio, abierto y disponible. Por eso es tan importante el entrenamiento en la flexibilidad mental y la soltura del ego, para que no influyan condicionamientos previos y filtros de la personalidad propia. Personas con "sus verdades" muy fijas tendrán más dificultades para aprender a canalizar que personas entrenadas en adaptar múltiples perspectivas sobre la vida. Sin embargo, vuelvo a destacar que cada persona puede aprender a canalizar. Simplemente le puede llevar a una persona más tiempo que a otra, según la densidad que a cada cual le corresponda sutilizar o disolver.

11. ¿Qué haría falta para poder ser un canal puro para la inteligencia divina?

Cuanto más avanzas en tu camino evolutivo, cuanto más dejas de rechazar el momento presente tal cual es, cuanto más desapegado estás de los logros del "yo" y sueltas el apego al control, a la seguridad, al reconocimiento o a la perfección, más fácil te resultará aprovechar el verdadero poder del momento presente. Es la profundidad de la entrega del "yo" a la Vida que favorece la alineación de la mente pequeña con la mente cósmica. Te haces más consciente y sencillo. Te resultará ser más fácil ser canal, médium o lector de Registros Akáshicos.

Cuánto más sincera y sentida sea esta entrega, mayor será tu grado de conexión con la inteligencia divina, y en mayor medida tus pensamientos y palabras reflejarán las virtudes espirituales más ennoblecidas.

12. ¿Cómo se está seguro de esa entrega?

Fíjate cuántas cosas hay todavía que te causan disgusto, molestia, rechazo, repugnancia, asco, miedo, inseguridad o temor. Parte de nuestro propósito es aprender a amar lo que no nos gusta. Ahí está una piedra filosofal del despertar o evolución espiritual: Aprender a amar sin condición ninguna. Tú mismo sabrás de la profundidad de la entrega y de la existencia o inexistencia de resistencias o molestias.

La versión grande de uno mismo, la felicidad duradera y la posibilidad de ser un canal puro para la inteligencia divina sólo pueden surgir cuando dejamos de rechazar el momento presente tal cual es, cuando nos desapegamos de nuestras dependencias mentales y emocionales, del pasado y del futuro y nos entregamos al amoroso abrazo de la fuente divina que es eternamente presente.

No hace falta buscar la iluminación o ascensión en algún momento futuro, su potencialidad ya está esperando a que la descubramos en el Ahora. Tampoco nos sirve mucho preguntar cómo se iluminaron otros, ya que hay una parte esencial nuestra que ya está conectada con esta fuente, nuestro Ser superior, el Yo Soy. La respuesta reside en ningún lugar diferente que el interior. **La pregunta es ¿Qué harás con esta conexión? ¿Cómo la usarás?**

Claramente no es asunto sencillo creer y crear esta clase de conexión. Aunque todos tenemos la potencialidad, a veces aún falta quitar algunos obstáculos del sendero hacía la manifestación de nuestra grandeza. Los ejercicios propuestos en la serie de libros "El Ser libre"[6] nos pueden ayudar en este sentido. Sirven para ser cada vez más auténticamente lo que somos capaces de ser, facilitando que seamos un instrumento divino, un canal de luz. Nombro algunos:

- La sanación del Sistema Familiar y del Niño interior.

- El aumento de la frecuencia vibratoria y de la energía vital (por ejemplo a través del Barrido Energético[7])

- El Método Sedona para disolver bloqueos y las capas del ego

- La técnica del 3-2-1 para superar y enfrentar y trascender miedos e inseguridades

- La liberación de las reacciones impulsivas e inconscientes a través de la comprensión del propio ciclo emocional.

- La soltura del karma y el encuentro con la Junta Kármica o el Tribunal quántico

---

[6] "El Ser libre" es otro libro mío, que facilita que el lector o la lectora suelten todas las trabas que pueden frenar la manifestación del propósito de la Vida. Acompaña en el proceso de convertirse en un Ser libre sin karma o limitaciones autogeneradas. Es el paso necesario hacia la grandeza para poder canalizar de modo óptimo y expresar y la plenitud del alma.

[7] Ejercicio meditativo que activa poderosamente el Kundalini, disponible en http://meditaciondelbarridoenergtico.gr8.com/

Una de las claves es el entrenamiento de las habilidades extrasensoriales. Al igual que un deportista ha de entrenar disciplinadamente sus músculos y mejorar sus rutinas de ejercicio para sobresalir en su disciplina, un lector de Registros Akáshicos necesita saber preparar su vehículo físico, energético, mental y emocional para estar en condiciones de recibir la descarga de las informaciones del Ser Superior, que vienen con una alta frecuencia vibratoria.

Se hace menester aumentar la vibración del ambiente y la propia, por ejemplo, a través de respiraciones yóguicas, cromoterapia, oraciones, invocaciones, limpiezas del aura y del espacio físico etcétera. El grado de la integración de ambos hemisferios es igualmente relevante, ya que la información llega más bien al lado intuitivo, derecho, y luego ha de traducirse a un lenguaje concreto que ocurre, en términos generales, en el hemisferio izquierdo. Una vez que tu vehículo físico, etérico, mental y emocional están en las condiciones para conectarse con las elevadas frecuencias y te predispones para la labor, la consecuencia lógica es la recepción de los mensajes divinos. Las energías sanadoras y las inspiraciones cósmicas comienzan a fluir más plenamente en y a través de ti.

13. ¿Por qué ahora no puedo recibir mensajes cuando antes sí podía?

Más allá de dificultades personales, distracciones o de la calidad vibratoria de tu canal, puede haber otra razón. Si recibiste la inspiración clara acerca de cómo efectuar los cambios necesarios en tu vida, pero luego no actúas en consecuencia, frenas la llegada de la nueva información. Si tu acción física no refleja la sabiduría recibida, no hay razón por la cual debas recibir más inspiraciones. Para que el canal pueda funcionar muy bien, la información recibida ha de anclarse en la tierra a través de la acción física. La acumulación del conocimiento sin su uso práctico, sin anclaje o liberación en el plano físico, implica una obstrucción del canal. Por tanto, el "canalizador" no debe subestimar el valor de la acción en el plano concreto para poder obtener nuevas revelaciones.

14. ¿Cómo sabe el alumno si la formación en los Registros Akáshicos es lo que necesita?

Es un llamado del alma el dejar de depender de apoyos externos para encontrar apropiadamente las respuestas que se necesitan para tener una orientación clara en la vida. Es un impulso muy sentido a profundizar en la conexión divina. Esta respuesta ha de nacer de dentro. Puedes preguntarte en la pequeña práctica de conexión en el ejercicio que te propongo a continuación.

15. ¿Cómo conectarse con los Registros Akáshicos?

Reitero que no es primordialmente la técnica la que otorga profundidad a la conexión, sino tu estado vibracional y la pureza de tu canal. Sin embargo, puedo darte algunas indicaciones introductorias de fácil aplicación que hacen a una buena base para tu conexión:

1) Búscate un lugar cómodo. Procura que nada ni nadie te interrumpa. Alinea la cadera, la columna y la cabeza, y relájate.

2) **Enraízate**. Siente el apoyo de las plantas de los pies con el suelo. Puedes visualizar que salen raíces de tus pies hacia el interior de la tierra. Enfócate en el corazón, siente el amor que llevas dentro y comparte este amor con la Tierra, enviándolo hacia abajo. Conéctate con la Madre Tierra, estate centrado en tu eje.

3) **Conéctate con el Amor**, siéntete unido al Amor.

4) **Limpia** el espacio físico en tu alrededor energéticamente. [8] Usa la técnica que te guste; puede ser Reiki, proyección energética u holográfica, geometría sagrada, uso de inciensos, velas, oraciones etcétera.

---

[8] ¡Cuida que esté limpio físicamente también! :)

5) Haz lo mismo con tu campo áurico; purifica tu canal que une cielo y tierra. Puedes usar ejercicios, oraciones, invocaciones, respiraciones yóguicas, cromoterapia. Usa lo que más alegría y bienestar te genere.[9] Toma la decisión de soltar, liberar toda molestia, todo pensamiento y toda emoción a la Vida, a la Tierra o a Dios. Vacíate. Suelta todo apego al saber, entender o tener una conexión perfecta para posibilitar el estado de inspiración que procuras. El desapego es tu llave de entrada.

6) Abre el corazón e **invoca** ayuda divina a los Seres de Luz, Guías o Maestros que más cercano sientes. Pide que estos seres de luz o a la divinidad que purifiquen y alineen tus chakras, cuerpos densos y sutiles. Cuanto más amor de corazón compartes con ellos, enviándoles tu cariño, más bendiciones vuelven a ti. Ábrete como una flor que muestra sus pétalos para dar la bienvenida a la luz del Sol. Respira hacia arriba y hacia abajo y siente como integras la luz. Céntrate en tus chakras superiores: sexto, séptimo y octavo. Solicita que amplíen tu cordón de plata, tu tubo de conexión que sale desde el chakra corona, o séptimo chakra, hacia las dimensiones superiores. Visualiza o siente este cordón, dándole el color claro que sientas apropiado y permita que se expanda. Agradece por la pureza de tu canal y la protección divina y pide, ve o siente que te es enviada

---

[9] En la Formación de Registros Akáshicos aprendemos una técnica específica de cromoterapia que combina invocaciones, colores, respiraciones yóguicas purificadores y decretos de palabras de poder para entrar en el estado óptimo de canalización. Esta técnica excede el formato introductorio de este escrito.

una esfera de luz blanca, plateada, dorada o brillante que ingresa en tu ser físico por el 7º chakra, te envuelve y rodea, purificando tu canal de luz desde arriba hasta abajo, dejando una hermosa transparencia y luz en todos los chakras y tu cuerpo entero. Conviértete en un canal de luz puro y desapegado que une cielo y tierra. Conviértete en una fuente receptora para las bendiciones divinas.

7) Conéctate con tu poder divino, con la confianza en tu canal y con la fe plena y pronuncia en voz baja o alta con toda convicción: "**Desde la divina presencia que Yo Soy, abro un portal de Luz sin interferencia alguna, conectando directamente con la fuente divina que yo soy en esencia**". Sintonízate con la luz de la fuente, su frecuencia y vibración, disfruta estar allí, palpa sus energías y nota su amor.

8) Pide encontrarte con tus Guías Espirituales. "Desde la esencia divina que Yo Soy, solicito ver, percibir o sentir mis Guías divinos." Conéctate con ellos. "Llévenme a mi Registro Akáshico". Déjate guiar y registra a dónde te llevan.

9) Una vez sientes que estás en tu espacio de luz, decreta "**Desde el Ser Superior de Luz que Yo Soy voy al Akasha, al Registro Akáshico de mi encarnación presente, a la fuente de la sabiduría que mi alma necesita en este preciso momento**". Ves allí ahora.

10) Explora, descubre, indaga y encuentra tus respuestas.

11) Aprovecha este espacio de conexión para sembrar tus semillas de luz, tus intenciones, compartir tus sueños o resultados óptimos que quieres alcanzar. Agradece de antemano por su cumplimiento y por todo el apoyo. Asegura soltar cualquier apego, entregando todo anhelo y todo sueño a los brazos de la divinidad. También puedes compartir oraciones y bendiciones para la tierra o tus seres queridos.

12) Cierra tu viaje de exploración y tus Registros Akáshicos con un acto de dignidad como a ti te haga sentido.

13) Trae todas tus virtudes, energías y capacidades a tu presente, enraízate, energízate. Ancla la luz y energía en tu bajo vientre, en tus órganos, piernas y pies. Puedes visualizar que salgan raíces de tus pies creciendo hacia la Tierra. Contrae tu campo áurico para tenerlo condensado y próximo a ti. Mueve tus pies, manos, estírate y nota tu vitalidad. Vuelve plenamente a tu Ahora.

¡Pruebe los pasos y coméntame cómo te fue! ¿Qué has podido descubrir y revelar? Date el permiso de probarlo varias veces hasta que tengas cierta seguridad, tranquilidad y conexión.

Esta es una técnica muy sencilla y genérica que nos sirve de modo introductorio. En las formaciones de nivel 1 y 2 vemos cinco técnicas diferentes de conexión con los Registros: la oración sagrada de conexión con los Registros Akáshicos, la Transcanalización que asegura conectarnos con seres únicamente a partir de la 5ª dimensión hacia arriba, una técnica de conexión angelical y otra que canalizamos Laura Morales y yo en el 2016 que usa símbolos crísticos para generar un campo energético de protección y elevación similar a un Mer-ka-bah en pocos instantes.

Déjame introducirte a una de las nuevas técnicas más fáciles y poderosas: El acceso a los Registros Akáshicos vía la Pirámide de Luz.

16. Técnica de la Pirámide de Luz

Preparación:

La primera parte de esta técnica facilita la adecuada preparación para entrar en el estado de receptividad y conexión divina. Luego prosigue la entrada en la pirámide de Luz; y cómo último, el acceso a los propios Registros Akáshicos a través de ciertos decretos y palabras de poder. Insisto a que no se pueden dejar los pasos preparativos. Sin ellos, la canalización no puede fluir igual y no sabrás discernir entre la mente y la inspiración divina.

1) Repite los pasos 1-5 sugeridos en la técnica anterior.

6) Activa tu cerebro para potenciar la receptividad y capacidad de comprensión del siguiente modo: Frota las manos y siéntelas energizadas. Coloca las palmas de tus manos sobre la cabeza, una en cada hemisferio cerebral para cargar ambas con energía. Nota el aumento de vitalidad y vibración.

7) Haz la declaración de predisponerte para ser un instrumento divino en tus propias palabras. Por ejemplo: "**Me abro y me declaro instrumento divino para las inspiraciones de la Divinidad**" o "**Me predispongo para ser un canal puro de la luz divina**".

8) Imagínate vívidamente que estás dentro de una preciosa pirámide de luz a través de cuya punta entran rayos cósmicos de una intensa luz celestial.

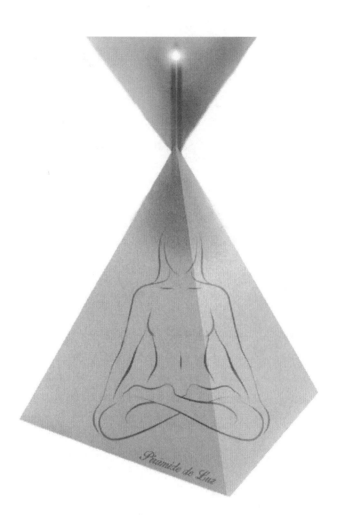

Pirâmide de Luz

9) Inhala la energía de la luz que llega en un color específico. Nota cómo puedes darla forma a esta preciosa luz con tu intención y dirigirla a través de tu exhalación.

i. Inhalar:	**Rayo Violeta**	
Exhalar:	Di internamente "**Transmutando**"	

ii. Inhalar:	Rayo Azul	
	"Invoco a la determinación, el coraje y el poder"	
Exhalar:	Siente estas cualidades vivas en ti. Ánclalas.	

iii. Inhalar:	Rayo Amarillo
Exhalar:	"**Me permito ser la confianza y la sabiduría**"

iv. Inhalar:	Rayo Verde
Exhalar:	"**Me siento armonizado, presente y en paz.**"

v. Inhalar:	Rayo Rosado
Exhalar:	"Me abro al amor, comparto el Amor"
vi. Inhalar:	Rayo de Luz Divina
Exhalar:	(…..puedes agregar tu propia oración o tu

17. Apertura de los Registros Akáshicos:

Lectura de los Archivos de uno mismo:

10) Invoco a la presencia de los Ángeles, Arcángeles, Maestros Ascendidos y Seres de Luz.

11) Me sintonizo con las virtudes de mi Esencia Divina. *(Siéntelas presentes en ti)*

12) Dirigiéndome a los Seres Divinos afirmo: "Me entrego y pongo a disposición mi mente y mi canal para que vuestro amor, vuestra sabiduría y luz puedan expresarse a través de mí. "

13) Me libero de toda expectativa y me doy permiso para fluir y gozar de mi conexión plena.

14) "Les doy las gracias, hermosos Seres de Luz, por su guía e inspiración. Desde el corazón solicito permiso para acceder a los Registros Akáshicos de '*tu nombre, apellidos*', nacido el '*fecha de nacimiento (dd/mm/aaaa)*' para recibir toda la información y sanación que mi alma necesita en este momento. "

15) "Con su permiso, entro en el Registro o libro de mi Alma ahora."

16) Mis Registros Akáshicos están abiertos.

Ingresa en este Reino de Luz, familiarízate con sus energías, frecuencias y conciencias.

Quizá puedas encontrarte con un Ser de Luz y entablar un diálogo.

Haz preguntas y recibe las respuestas.

18. Consejos prácticos para el momento de la Conexión

Una vez conectado, simplemente te abres, te vacías y permites que la inspiración venga hacia ti. Comienzas a visualizar, hablar telepáticamente o a escribir. Puedes tener una experiencia meditativa, contemplativa o creativa y anotarla a posteriori. Alternativamente puedes apuntar directamente las ideas o dibujar las imágenes que te llegan. Incluso puedes experimentar las energías akáshicas bailando. Exprésate naturalmente como a ti te gusta. Invito a que no cuestiones si lo que te guía en este instante es tu mente o no. Ya estás en plena conexión, permite que tome forma aquello que quiere venir y déjate fluir. Al principio las sensaciones y los pensamientos te pueden parecer mucho a las que experimentas habitualmente. Eso es normal. Los Guías y Seres de Luz aprovecharán tus canales de percepción y de comunicación que tengas disponibles y suficientemente desarrollados. Si has estado mucho en la mente, no tendrán otro canal para comunicarse hasta que tengas los sentidos extrasensoriales más perfeccionados. Date el permiso de explorar este espacio como si fuese un mundo nuevo por descubrir y pon a prueba tus sentidos. ¿Qué sentido se te hace más presente? ¿A través de cuál te llega más información?

El discernimiento de la calidad de la información y su origen es una virtud que se desarrolla con la práctica. Necesita tiempo. Si te es importante monitorear tus progresos, puedes hacer un análisis posterior a la lectura, pasados unos días. Recién entonces tendrás suficiente distancia emocional como para evaluar tu trabajo. Pero durante las prácticas de la canalización, sobre todo al principio, procura descargar, expresar o escribir mucha información, para que tu canal pueda liberar y purificarse. Es el momento en que la cantidad de información es más importante que la calidad. Una vez que el canal de comunicación esté establecido, purificado y "aceitado", verás que se irá mejorando la calidad y vibración de la información con cada práctica.

Al escribir lo que te llega, habla en forma directa, escribe con la voz del Guía o Maestro al estilo: "Querido mío, gracias por conectarte con este plano de la Luz. Es un momento emocionante que hemos estado esperando desde hace tiempo…" no "El Guía o maestro me agradece haberme conectado con este plano…" Es posible que te hable un grupo de Seres de Luz y que lo hagan en forma de "nosotros" en vez de "yo".

Ten confianza en tu valor y en la magnificencia de tu Canal. Acompaña tu aprendizaje con paciencia y disfruta de tu conexión, no importa el grado que tenga. Mejorará con cada práctica.

Si recibes imágenes o sensaciones, pregunta ¿qué es?, ¿qué significa?, ¿para qué es? o ¿cuál es su uso más práctico y consciente? ¡Indaga! ¿Qué es lo que percibo? ¡Pregunta como un niño curioso que tiene mucho entusiasmo por el aprender!

Dos preguntas que me encantan para las primeras lecturas serían las siguientes:

- **¿Cuál es el consejo para que la comunicación me resulte más fácil y clara?**

- **¿Qué sentido tiene aprender a canalizar?**

No comenzaría con preguntas complejas sobre la misión de vida o problemas profundos para al inicio de tu práctica. Sería demasiado exigente para un canal que recién está destapándose. Estas preguntas siempre las puedes hacer más adelante.

Verifica si tus hombros están relajados, si estás conectado, receptivo y desapegado. Cuando te pongas a escribir, comienza por anotar palabras sueltas. No esperes frases completas. ¿Te viene sólo una palabra o una parte de una frase? Entonces apuntas eso. Si vuelve la duda, céntrate en tu corazón y tu receptividad, suelta los apegos y decide pasártelo bien. Puedes también repetir los pasos de la preparación y del acceso a los Registros.

Cuando notas que la información ya no fluye tan corridamente, puede que sea una buena ocasión para hacer una limpieza, realizar una oración, entregar aún más el ego, meditar o bien puede ser simplemente la invitación a proceder al cierre de la lectura. Usa tu intuición y el sentido común. Recomiendo que no te quedes más de una hora y media con los Registros abiertos y los cierres siempre.

19. Cierre de la Lectura de los Registros Akáshicos

Una vez que terminas con la lectura procedes a cerrarlos Registros:

"Agradezco a mis Maestros, Guías y Seres de Luz por la información dada y la sanación recibida.
(Puedes agregar palabras que te quieren nacer de corazón.)
Mis Registros Akáshicos ahora están cerrados."

Al final te invitamos a contraer tus energías, trayéndolas cerca de tu cuerpo físico. Haz tu pequeño ritual de cierre que te conecte plenamente con tu cuerpo y con tu vida terrenal. Enraízate ahora de la manera que mejor te funcione.

20. Posibles Preguntas para las primeras prácticas

- ¿Cuál es el aprendizaje actual relevante para manifestar toda mi plenitud?

- ¿Qué aptitudes necesito desarrollar para ser un canal cada vez más puro, claro y útil?

- ¿Dónde quieren la Vida y la Divinidad que esté mi atención?

- ¿Cómo quiere el Universo utilizar mi creatividad?

- ¿Cuáles son mis dones y talentos más valiosos para cumplir con mi misión de Vida?

- ¿Cuál es la manera más efectiva de inspirar y ayudar a los demás?

- ¿Para qué es importante profundizar en el aprendizaje y la práctica de la lectura de Registros Akáshicos?

Se podría decir muchísimo más sobre este tema tan fascinante de la canalización. La soltura de los bloqueos, las dudas, la disolución del ego, etcétera, requieren su dedicación y entrenamiento. A su vez, hay unos cuántos trucos para asegurar la alineación de la mente con la mente cósmica y para evitar que influya la mente densa durante la lectura de los Registros Akáshicos. En otras publicaciones tendré la oportunidad de hablar acerca de ello. Pero ya tienes en mano algunas herramientas maravillosas para iniciar tus prácticas de la lectura de los Registros Akáshicos y no frenar tu exploración de sus infinitas posibilidades.

21. ¿No necesito la iniciación de un maestro para poder leer los Registros Akáshicos?

Puede ser de gran ayuda tener una experiencia iniciática y contar con la guía de seres más experimentados en el camino akáshico. Pero no necesariamente han de ser "maestros" terrenales. Puedes crear tu propio ritual de entrega del ego, de desapego y alineación con tu Ser Superior, con tus Guías Espirituales y los Registros Akáshicos. Debemos evitar la dependencia de otros. El Maestro y la Maestra yacen dentro del corazón de cada uno de nosotros y la conexión ya no necesita de intermediarios. Si te llama la idea de participar de un curso y de una iniciación, lo puedes hacer. Pero lo harás simplemente porque te apetece o porque te encanta sentirte acompañado en la exploración de tus facultades de canalización. Pero eso ya es muy diferente a necesitar que alguien te inicie. Lleves dentro todo lo que necesitas, ya

cuentas con todas las facultades y virtudes que te son necesarias para expresar la misión de tu alma. Es normal que haya que enfrentar unos cuantos obstáculos, quitar algunas capas de condicionamiento y entrenar las facultades que la Vida te pide potenciar. Pero no permitas que nadie te diga que algo te falte o esté mal contigo, porque no es verdad. Todos somos seres dignos, preciosos y merecedores de las bendiciones de la Vida. Y esto no cambia incluso cuando te equivocas. Si tú mismo vuelves a dudar de ello en algún momento, simplemente pon la mano a tu corazón y descubre una y otra vez tu chispa divina que se esconde debajo de la duda y del dolor.

22. Algo de mi historia personal

¿Cómo llegaste a ser lector de Registros Akáshicos?

Un maestro de renombre internacional me dijo en una canalización: *"Tú y yo somos muy similares. Puedes hacer lo que yo hago. La única diferencia entre nosotros es que yo hago lo que vine a hacer y tú no"*. Esto me llegó mucho, lo sentí como un cachetazo. Bueno, ¿y ahora qué?, me pregunté. ¿Cómo me puedo hacer cargo de esto? Ya estaba metido en el ámbito espiritual, pero también en otras cosas. Estas palabras firmes me dieron como un giro para ir en búsqueda de aprender todo lo que podía acerca de las canalizaciones y de los Registros Akáshicos.

Comencé a practicar y se notaban cambios profundos en las personas que atendía, les hacía mucho sentido lo que compartí.

Con fe, apertura, el apoyo de mis padres y la decisión de perseverar, aún en tiempos de dificultad o escasez, he podido superar los obstáculos en mi camino.

Cuéntame acerca de tus comienzos:

¿Recuerdas tus primeros intentos de conectarte con este plano?

Al principio me costó bastante. Me llevó un tiempo descubrir mi forma de atender a las personas. Comencé a escribir las lecturas a través de la escritura automática, es decir, dejando que el espíritu escriba a través de mi, sin pensarlo. Así me sentí más seguro y luego fui experimentando, hasta pasar de la palabra escrita a la hablada.

Más tarde incorporé el Canto Armónico para facilitar la elevación de las vibraciones, junta a técnicas nuevas y superiores de canalización y sanación. Me consta que mi voz llega muy profundamente al interior de la persona y moviliza cambios no sólo por lo que se dice, sino por cómo llega, por la vibración y el amor. A veces las personas dicen que se les tocaba una fibra muy personal, muy propia; lo cual les llevó a sentirse reconocidas, escuchadas, comprendidas.

Al principio era sólo compartir información. Hoy en día la sesión es mucho más interactiva, energética y terapéutica. Esta participación activa ancla los cambios mejor en la persona. Es un trabajo en conjunto que facilita la soltura de trabas y una conexión cada vez más íntima con los Guías Espirituales y el Ser Superior. La vibración elevada y el canto armónico ayudan mucho a favor de un cambio en múltiples planos: no únicamente en el plano mental, sino también en el energético, astral, emocional y espiritual.

¿En qué consiste el Canto Armónico?

Es sanación a través del sonido. El sonido tiene un poder de sanación muy potente, especialmente si generamos frecuencias vibratorias alineadas con la armonía universal. Si hay desarmonía, desequilibrio o bloqueos, las frecuencias de la vibración opuestas pueden volver a establecer el equilibrio. La energía de los Guías Espirituales y Maestros se puede transportar muy bien a través del sonido, ellos me ayudan a encontrar y aplicar las energías sanadoras necesarias para cada situación o persona. En todo caso invito a explorar el poder del Canto armónico y del sonido en el ámbito terapéutico, pues es un campo de extraordinarias posibilidades.

¿Cómo llegaste a enseñar a leer los Registros?

Durante mucho tiempo no me animé a enseñar lo que hacía porque juzgué que las formaciones que recibí no eran lo suficientemente sólidas para asegurar que otros puedan hacer lo mismo y conectarse con algo que trascienda a su mente. Pero al conocer la técnica de la Transcanalización, que enseña cómo identificar el ser y la frecuencia con los que me comunico y conecto, obtuve la seguridad que necesitaba. Pasé por todos los niveles, incorporé está técnica en mis prácticas, hice mi propio mix y al final sentí que ya no podía guardar esta experiencia para mí solo.

¿Quieres dejar un mensaje final para los lectores?

El mundo nos necesita a todos, estando cada uno despierto, conectado, cumpliendo su función, su misión y ocupando el lugar que le corresponde.

Nos toca hacernos cargo de nuestra luz, nuestros dones y aportes.

Pero no hace falta que sea una dedicación ardua y dura, un hacer lleno de obstáculos y esfuerzos sin fin. Sólo hace falta quitar lo innecesario, liberarse de ataduras y creencias limitantes, tener el corazón liviano y dedicarse a las prioridades del alma, comenzando con el siguiente paso, aquel que tenemos ante nosotros en primera instancia.

Quiero que recuerdes que cada conflicto y problema que solucionas, cada miedo que enfrentas, cada debilidad que superas, cada acto de bondad, aprecio y gratitud que compartes te acercan a esta versión grande de ti, a la divinidad encarnada, al nirvana en la Tierra.

Y todo paso hecho es un aprendizaje incorporado en la conciencia de la humanidad que no podrá perderse jamás, ya que queda registrada en tu memoria y, a su vez, en la memoria de la Tierra y de la Vida, está escrito en los Registros Akáshicos. Y aunque no haya ningún humano que reconozca la labor que estás haciendo, los Seres de Luz sí lo hacen y agradecen hasta el mínimo aporte que hagas. Saben cuánto aporta al cambio de la frecuencia en la Tierra, honran cada granito de arena para el establecimiento de un mundo en paz. ¿Podrías tú también honrarte como ellos lo hacen? ¿Podrías aceptarte y amarte tal cual eres?

Llevas mucho amor en tu corazón, hazte el regalo de compartirlo contigo mismo también. Cuanto más lo haces, más fácil te resultará recordar la magnificencia y completitud de tu Ser. Recordarás que en esencia tú ya eres quien siempre quisiste ser, tú ya tienes lo que quisieras tener. A ti no te falta absolutamente nada. Descubre esta riqueza en ti y tendrás la certeza de que no te puede faltar nada jamás. Simplemente hazlo.

Bendiciones y lo mejor para ti.

Con Cariño, *Johannes Uske.*

23. ¿Y ahora qué? ¿Qué debo hacer?

Si anhelas profundizar y mejorar tu capacidad para leer los Registros Akáshicos, te invito a visitar la página web www.johannesuske.com. Encontrarás muchos recursos más allá de lo compartido en este libro. Descubrirás que enseñamos por lo menos cuatro técnicas de canalización y varias herramientas que te ayudan a aumentar la confianza a la hora de canalizar y manifestar tu verdadero potencial como Ser Humano espiritualmente despierto.

Si deseas más información sobre nuestro curso de Registros Akáshicos online, puedes hacer click en este enlace.

Gracias por haberme leído hasta aquí. ¡Espero que nos podamos encontrar pronto en persona!

24. Acerca del Autor

Debo admitir que me fascina explorar el extraordinario potencial que yace en cada Ser Humano. Esta fascinación no empezó hasta quizá los 17 años. Nací 1982 en Alemania oriental, antes de la caída del muro y aprendí bastante de esta época. Tuve talento en la música y el deporte, llegando a competir a nivel internacional en ping pong. A partir de los 18 años aprendí a sanar con las manos y a comunicarme con los Ángeles o Seres de Luz. Y me metí a fondo con estudiar el comportamiento humano en base a las diferencias culturales en México, Francia, España, Inglaterra, Argentina y Alemania.

Me dediqué unos años a desarrollar la conciencia y el liderazgo en el ámbito organizacional. Hoy en día me encanta conectar a las personas con su esencia interior, sus talentos y sus propósitos vitales. Empleo para ello conocimientos de campos diversos como la canalización, la psicología transpersonal, el coaching o la teosofía para activar la claridad y las virtudes que necesita cada uno. Actualmente me dedico a la escritura, las consultas privadas de la lectura de los Registros Akáshicos y las formaciones para aprender a canalizar o activar los dones. Desde el 2013 vivo junto a mi pareja en Barcelona después de haber estado 8 años en Latinoamérica. Puedes visualizar más detalles y videos en www.johannesuske.com.

La enseñanza

Las formaciones hoy en día las comparto con Laura Morales, que percibo como el complemento femenino perfecto para las actividades. Su dulzura, talento creativo y canto del alma agregan el toque mágico y artístico a las actividades. Y de su facilidad para canalizar y crear podemos aprender mucho.

Quiero presentarte otro de mis libros también publicado "La Mejor Versión de Ti"

Todo ser humano está viviendo un momento de cambio épico. Deja atrás viejos escombros de la sombra de la personalidad para entrar en un nuevo tiempo en el cual puede crear los destinos que reflejan las más elevadas potencialidades del Alma.

Cada uno de nosotros siente una llamada interna a expandir sus horizontes, su capacidad creadora, para manifestar el propósito de su existencia. Tú mismo intuyes que dentro de ti yacen capacidades latentes extraordinarias esperando a revelarse en tu experiencia vital.

Ya estás inmerso en un proceso de despertar espiritual que nada y nadie puede frenar. Ahora solo es cuestión comprender y acompañarlo.

Este libro te brinda las respuestas a algunas preguntas claves que pueden surgir en tu camino:

- *¿Por qué te sientes diferente y por qué te pasa lo que te pasa?*
- *¿Qué es lo que está cambiando en ti? ¿Qué significa ese cambio y cuál es su destino?*
- *¿Cómo podrías averiguar el sentido de tu vida?*
- *¿Cuál es tu máxima potencialidad en esta encarnación?*
- *¿Es esto el Despertar? ¿Qué significa estar "despierto" o "iluminado?*
- *¿Por qué no avanzo en mi camino entonces, cuáles son mis bloqueos?*
- *¿Cómo conseguir dar el salto hacia la mejor versión de ti?*

Las líneas del libro te abren las puertas hacia una nueva claridad interior, facilitando una comprensión de las actuales situaciones y cambios personales, profesionales y sociales bajo la luz de las transformaciones planetarias. La duda y la incertidumbre tan comúnmente presente en los tiempos de cambio desvanecen al darse cuenta que las características que conlleva la transición a un nuevo nivel de conciencia son comunes a toda persona con cierta apertura espiritual. Tendrás una confirmación en blanco y negro que aquello que sentiste intuitivamente tiene muchísimo sentido y que toda vivencia tuya tiene su razón de ser en el contexto de la ascensión planetaria. Se te devuelve la sensación de la paz interna al saber que no estás solo en este camino. Sabrás que no solo no te habías equivocado, sino que nunca te desviaste de verdad del sendero hacia la grandeza de tu Alma y la manifestación de la mejor versión de ti.

Puedes conseguirlo aquí:

http://www.johannesuske.com/reserva-de-libros/

Made in the USA
Middletown, DE
27 September 2023

39485936R00045